Édition : Books on Demand,
12/14 rond-Point des Champs-Elysées, 75008 Paris
Impression : BoD - Books on Demand, Norderstedt,
Allemagne

Dépôt légal : juillet 2020
Photo de couverture : Guillaume Bé
© 2020, Tanguy Cabot

La forme, dans une certaine mesure,
l'esprit de ce livre, s'inspire de *I remember*
de Joe Brainard et de *Je me souviens* de Georges Perec.

*Ces fragments de textes énumérés sont
le fruit de plusieurs années de formation d'art-dramatique.
Ce ne sont pas mes propres paroles mais celles de professeurs,
metteurs en scène, d'acteurs rencontrés tout au long de mon parcours.*

TANGUY CABOT

MA FORMATION

1
L'art est par extension la capacité créatrice de l'homme qui semble lui permettre de communiquer ce qui l'est.

2
Dans une salle de théâtre ou dans une salle d'un cours d'art-dramatique, il n'y a pas de morale mais il y a une attitude.

3
Le talent c'est l'autre.
C'est un postulat de départ.

4
Selon Aristote :
« L'art doit rendre compte de la nature ».

5
Il ne doit pas y avoir d'interdit sur scène !
La censure est notre ennemie, la seule limite c'est l'autre.

6
Il est interdit d'interdire.

7
Une classe de théâtre est une utopie.

8
On n'est pas obligé d'être d'accord pour vivre ensemble. C'est la démocratie.

9
Le théâtre c'est de la pensée en action.

10
Le théâtre c'est *comme si* c'était vrai.
C'est le *si* magique.

11
Un acteur est comme une allumette, elle s'allume avant chaque rentrée en scène, elle se consume lorsque nous jouons sur scène et quand on y ressort elle doit être complètement en cendre.

12
Cela coûte d'être sur scène. Il doit y avoir une dépense affective, une mise en danger.

13
Il ne s'agit pas de t'enseigner mais de t'incendier.

14
On ne fait que singer.

15
Gardez toujours la candeur.
La candeur de l'enfance.
Un enfant qui joue un pirate est pour lui véritablement un pirate.

16
Notre seule patrie c'est l'enfance.

17
Il ne s'agit pas de comprendre mais de perdre connaissance.

18
Un acteur est une pute. On nous paye pour s'exposer aux autres.

19
Paye-moi et je ferais en sorte que tu m'aimes.

20
Un acteur c'est de vouloir être choisi !

21
Un metteur en scène ou un réalisateur doit tomber sous le charme de ses acteurs, il doit y être sensible et amoureux.

22
Le théâtre est juste un miroir difforme.

23
Il ne faut cesser d'inventer.

24
Le monde n'est pas dans ce que l'on voit.

25
Ne produisez pas une image de vous-même. Ne vous souciez pas de l'image que vous faites. Il faut se foutre de ce que les autres pensent. Ne vous persuadez pas d'être plus important de votre rôle.

26
La caméra fixe la pensée.

27
La relation d'un metteur en scène avec son acteur est comme une scène du *Roi Lear* de Shakespeare. Le père est aveugle, il souhaite se suicider mais son fils le guide jusqu'au bout de la falaise et décrit absolument tout ce qu'il voit.

28
Un cours d'art-dramatique ne sert à rien mais à l'avantage de ne pas être seul dans son désir de devenir acteur.

29
L'école est le plus beau théâtre du monde.

30
Nous allons en chier mais nous allons en jouir.

31
L'école est le lieu de tous les possibles.

32
Si tu ris c'est que tu as peur.

33
Pour être acteur, il faut se montrer.

34
Il faut partir de soi. À la fois s'oublier et être soi-même.

35
Répétition est le plus beau mot au théâtre.

36
On ne répète pas ce que l'on va jouer, on répète le chemin pour arriver au résultat final, à la situation.

37
Nous sommes faits de l'étoffe de nos rêves.

38
L'acteur se doit d'avoir un oubli de soi mais
aussi un don total de soi.
Il n'est rien d'autre que le champ d'investigation de soi-même.

39
Ce n'est pas parce qu'on te met dans la merde qu'on te veut forcément du mal mais ce n'est pas parce qu'on te retire de la merde qu'on te veut forcément du bien.

40
L'intime est induit par le geste.

41
L'écologie est un gros mensonge, on prétend vouloir sauver la planète alors que l'on veut juste sauver l'humanité.

42
L'école ne sert qu'à créer sa bibliothèque affective.
À pouvoir se dépasser.

43
Lorsque l'on joue un personnage comme par exemple Arturo Ui
ou Richard III, il ne faut pas le juger mais au contraire lui
donner raison. Il a ses raisons que l'acteur doit étudier.

44
Donner tort à un rôle, c'est le caricaturer, le juger ; cela donne
rarement du bon théâtre.
Lui donner raison, d'ailleurs aussi.
Non, il a ses raisons et la tragédie et la comédie
naissent de situations où chacun a, de son point de vue raison.

45
N'espérez-pas donner du plaisir au public si
vous n'en éprouvez pas vous-même.

46
Si ton ami est de miel, ne le lèche pas tout entier.

47
Un comédien est une âme errante.
48
De la contrainte nait de la liberté. C'est comme le cadre d'une
photographie.

49
La qualité d'un acteur c'est d'être à l'heure et
de savoir son texte.

50
Il faut tenir !

51
Nous avons un besoin fou de raconter des histoires.

52
Bienveillance…

53
On doit faire un spectacle que lorsqu'il est indispensable.

54
Le comédien a besoin de vide, mais de bon vide. Il ne fait que douter en permanence. Il se remet sans cesse en question. Pour une remise à zéro. Il doit faire page blanche.

55
Mesurez l'importance d'une représentation, il peut y avoir dans la salle un spectateur particulier. Une personne se rendant pour la première fois au théâtre et une personne pour qui ça sera sa dernière sortie au théâtre.

56
Faites un spectacle comme si c'était votre dernier.
Car un jour, ça sera le cas.

57
Le minimum c'est d'y croire.

58
Il faut muscler sa crédulité.

59
Si vous ne voulez pas souffrir,
ne faites pas ce métier.

60
Recevoir et *donner*.

61
Le fond est la forme qui remonte à la surface.

62
Il ne s'agit pas de refaire mais de faire à nouveau.

63
La résistance c'est l'optimisme.

64
Saisir de l'instant présent.
Ne pas chercher à anticiper.

65
Être *disponible*.

66
Le talent c'est 90% de travail et 10% de travail.

67
Le théâtre est une belle chose grave.

68
Personne ne se souviendra ce que vous avez fait mais tout le monde se souviendra de ce que vous leur avez fait ressentir.

69
Et le temps que l'on perd à lire une missive. N'aura jamais valu la peine qu'on l'écrive.

70
Le théâtre c'est mon plaid.

71
Être à l'écoute !

72
Cherchez le *concret*, jouer *concret* surtout lorsque le texte est poétique. Cela évitera de rentrer dans le pathos. Avoir son sous-texte. Faites vos propres images à l'intérieur de vous, le spectateur ne verra pas forcément la même image mais imaginera de ce fait sa propre image.

73
Ayez toujours une intention.

74
Cultivez-vous, observez tout, soyez curieux, lisez et apprenez. Regardez et faites !

75
Être toujours en questionnement.

76
Un acteur est un muscle à croire des choses.

77
Même mal mais vite.

78
Le mieux est l'ennemi du bien.

79
Faites des paris à vous-même.

80
Faire ce métier honorablement, c'est l'objectif à atteindre.

81
L'acteur est une éponge qui absorbe tout dans sa vie. Puis le presse sur scène pour tout faire ressortir.

82
Ne soyez pas dans le marasme, cet état de facilité.
Soyez dans l'aporie.

83
Imaginez c'est se ressouvenir.

84
Replongez-vous dans le souvenir.

85
Mourriez-vous s'il vous étiez défendu d'écrire/de jouer ?

86
Être dans l'instinct.

87
Arriver à être en insécurité pour un abandon total mais pour cela il faut être en sécurité. C'est le paradoxe de la scène.

88
Le plateau vous protège de tout.

89
Construisez votre vie selon cette nécessité du « je dois ».
Comme si vous ne pouvez pas faire autrement.

90
L'herbe n'est pas plus verte ailleurs.

91
Un acteur doit revendiquer sa liberté

92
L'acteur est un animal à sang-froid.

93
Être sur le qui-vive.

94
Il faut gagner en sincérité, c'est la clef.

95
Être sur ses appuis. Évitez de piétiner.

96
Il y a deux méthodes. Celle de l'acteur studio par Stanislavski théorisé par Strasberg et celle de Diderot décrit dans « Le paradoxe du comédien ».

97
Ce que dit Stanislavski c'est *use it*. Sers-toi de toi pour nourrir cet autre dont apparemment tu ignores tout et qui finit par devenir quelqu'un de singulier. C'est principalement dans les sensations/les sens que le travail se fait.

98
Le paradoxe du comédien selon Diderot dit que l'acteur est un magnifique escroc. Il ment terriblement ou magnifiquement bien qu'on finisse par y croire. Il fait semblant. C'est le paradoxe, c'est à travers le mensonge qui dit la vérité. Ses gestes, ses paroles sont chorégraphiés à la virgule et à la respiration prête.

99
L'acteur fait semblant de faire semblant.

100
Le comédien joue alors que l'acteur vit.

101
Aime ton métier. C'est le plus beau métier du monde.

102
Seul toi sais ce dont tu as envie. Tu veux faire ce métier ?
Donne-toi les moyens pour y arriver
à l'échelle de ton envie.

103
Sois un phœnix, lorsque tu connaîtras les années dites
« maigres ». Pendant ce creux, renais-toi de tes cendres.

104
L'échec n'est pas un choix ni une option.

105
Il n'y a pas de voie royale pour devenir acteur.

106
L'humour est la politesse du désespoir.

107
Évitez d'être dans l'entre-soi.

108
Le gens sont des comédiens, nous nous sommes des acteurs.

109
Le monde entier est un théâtre, et tous les hommes et les
femmes seulement des acteurs ; ils ont leurs entrées et leurs
sorties, et un homme dans le cours de sa vie
joue différents rôles…

110
La mort est le spoiler de notre vie.

111
Le meurtre appelle le meurtre.

112
Nous sommes tous des monstres.

113
Ne forcez pas, faites confiance aux spectateurs.
Il est beaucoup plus intelligent que nous le pensons.

114
Un professeur de théâtre est toujours le premier spectateur et parfois le pire.

115
Si le spectateur s'ennuie, cela veut dire que les acteurs ont perdu le contenu et jouent une forme morte.

116
L'acteur ne doit pas rester enfermé. Il doit faire des rencontres, construire son réseau.

117
Ayez une bande-démo, un book photo d'acteur, un cv artistique, un site. N'écrivez pas n'importe quoi sur les réseaux dès lors où vous voulez devenir une personnalité publique.

118
Il faut vous vendre. Il faut vous trouver un agent.

119
Soyez rigoureux.

120
Ne pas cesser de se développer.

121
Élargir, soyez ample et tenez-vous droit.
Vous êtes des marionnettes.

122
L'instrument de l'acteur c'est son corps. Prenez-en soin.

123
Avoir une peur panique de commettre des erreurs signifie qu'on ne connaîtra jamais le succès.

124
La simplicité c'est ce qu'il y a de plus précieux dans l'art.

125
Lisez plus. Lisez toutes les pièces, voyez tous les films. Un crayon en main, un surligneur jaune. Relevez des citations, des passages qui ont retenu votre attention. Cultivez-vous ! Allez au cinéma, allez observer des animaux, allez au théâtre, allez au musée et à des concerts. Instruisez-vous sur la mythologie, les cultures, l'histoire, les langues, la religion, les saveurs de la nourriture. Voyagez. Vivez ! C'est indispensable.

126
Faites preuve d'audace et d'ambition.

127
Choisis ce que tu veux devenir.

128
Il n'y a pas de psychologie dans les personnages. Ce ne sont que des mots sur du papier.

129
Pour être comédien, il faut se montrer. C'est d'abord un plaisir de vanité pure et de présomption téméraire. Il dure parfois jusqu'à la mort. Mais si un jour tu t'aperçois de cela, tu auras découvert l'important du métier, peut-être est-ce là ton but, sa fin essentielle.

130
Pour bien pratiquer ce métier,
L'important c'est dans le renoncement de soi pour l'avancement de soi-même.

131
Tu comprendras que la niaise manie d'un « nom » et de ton « moi » encombrant te possède et que pour être personnel, il faut se dépersonnaliser d'abord !

132
Il faudra se démarquer des autres. Trouver son identité.

133
Un métier est une façon de vivre.

134
C'est un parcours individuel mais une aventure collective.

135
Il n'est rien de plus faux, ni rien de plus vrai que le théâtre.

136
Tout, au théâtre, est mêlé et emmêlé.

137
Tout est en reflet. C'est le miroir de l'âme.

138
Tu es différent des autres. Le plus fera la différence.

139
Le paradoxe de Diderot n'est la preuve de la dissociation de la pensée et des sentiments, des idées et des sensations.

140
Il n'est pas facile d'éveiller en soi de désir de créer, mais il en faut bien peu pour le faire disparaître.

141
Votre travail dépend de vous seul, mais vous n'avez pas le droit de retarder celui de vos camarades.

142
L'acteur, tout comme le soldat, doit se soumettre
à une discipline de fer.

143
Le public ne fait pas le succès de l'œuvre
mais il peut en faire l'échec.

144
Au théâtre, il y a une enfance permanente.

145
Cet art n'est fait que de chair. Entrer en scène, ça veut dire qu'il y a un corps qui rentre en scène. Ce n'est ni une idée ni une pensée, c'est un corps d'acteur ou d'actrice.

146
Ne pas rougir de soi.
Le talent c'est la liberté que l'on a avec soi-même.

147
L'art n'est pas une compétition.

148
Ce n'est pas moi qui suis dure, c'est le métier qu'il l'est.

149
Rendez-vous au point d'orgue.

150
Si ton étoile ne brille pas, n'essaies pas d'éteindre la mienne.

151
Restez humble.

152
Je pense que les acteurs devraient aider le public à se construire plus humain. Lui pétrir l'âme.
Oui je pense qu'on sert à ça. On fait cela.

153
Le théâtre n'est pas la pièce récitée, debout et en costume.

154
Un théâtre c'est la maison du spectateur, ce sont eux qui paient.

155
Gardez la fable. Nous sommes des conteurs.

156
Encore faut-il mettre la théorie en pratique.

157
Le théâtre est un art sorcier.

158
La tenue de travail du comédien est la métaphore de la nudité.

159
Il faut aller jusqu'à l'extrême, se laisser conduire par l'autre.

160
Sans l'autre, je ne suis rien.

161
Quand vous regardez et entendez bien, vous apprenez tout.

162
Avoir la chance de rater.

163
La réussite est un hasard.

164
C'est le plateau qui commande.

165
La scène d'une pièce tout comme le texte doit être un viatique qui tourne à l'obsession. Par extension, un viatique est ce que l'on emporte avec soi pour un long voyage.
En ce sens votre texte est un viatique pour accompagner un apprenti comédien vers le métier !

166
Dans une scène il faut connaître l'enjeu, comprendre la situation. Comment la pensée s'articule.

167
Les deux ennemis d'un acteur sur scène sont le désir de bien faire (risque d'être cérébral) et le pathos.

168
Pour y croire, il faut que vous y croyez.

169
Un acteur c'est un voleur.

170
Le texte amène le jeu.

171
Emparez-vous de tout.

172
La meilleure des réponses doit se faire sur un plateau.

173
L'air est gratuit. La respiration doit être travaillée. Une bonne respiration ventrale est nécessaire pour ne pas perdre la voix. Servez-vous de votre colonne d'air.

174
C'est le début de la merde.

175
Dans un contrat il doit y avoir soit deux escrocs
soit deux imbéciles.

176
Quitte à vous faire enculer,
faites-en sortes de ne pas acheter la vaseline.

177
On a le ventre vide, on a le cœur plein c'est toujours comme ça
qu'on devient comédien.

178
Faites ! Do it !
Ne cherchez pas à comprendre, l'important c'est de faire !

179
Sans la santé, on ne peut pas faire grand-chose dans ce métier.

180
Prenez soin de vous !

181
Soyez des enfants, soyez patient et ayez confiance.

182
Payez cash !

183
Prendre le plateau c'est prendre le pouvoir.

184
Répondre à l'échéance.
C'est grâce à ça que le théâtre existe.
Faire en sorte d'emmener le spectacle à bon port.

185
C'est ET et ET pas ET ça OU ça.

186
Il faut répondre présent pour le contrat rempli.

187
Il faut assurer.

188
Si on a peur du ridicule c'est fini.

189
Ne jamais insulter l'avenir.

190
Faire carrière ne veut strictement rien dire.

191
Tout fait ventre au théâtre. Tout sert !

192
Créer le trouble !

193
Quand les acteurs râlent ou se plaignent c'est un appel à l'aide.

194
Lisez toute la pièce et pas seulement vos parties. Mais voyez tout de même si votre rôle est indispensable à la compréhension de la pièce, supprimez vos répliques pour voir si votre rôle pourrait-être supprimé.

195
Lisez à voix haute.

196
Votre rôle doit être étudié du point de vue de son époque, des circonstances, de son pays, de ses conditions de vie, de son entourage, de la littérature, de son esprit, de sa façon de vivre, de sa position sociale, de son aspect extérieur ; également de ce qui le caractérise, sa personnalité propre c'est-à-dire ses habitudes, ses manières, ses attitudes, sa voix, sa façon de s'exprimer, ses intonations…

197
Lorsque vous êtes sur la scène, soyez toujours en action, que ce soit physiquement ou spirituellement.

198
Toute action au théâtre, doit avoir une signification intérieure, être logique, cohérente et vraie.

199
Chacun de vos mouvements sur la scène, chacune de vos paroles, dépend de l'expression juste de votre imagination.

200
Soyez concentré. Pour détourner votre attention de la salle, il faut vous intéresser à quelque chose sur la scène.

201
L'action doit avoir un centre d'intérêt et ce centre d'intérêt ne doit pas être dans la salle.

202
Restez dans les limites de la scène ; être dirigés vers les autres acteurs, et non vers les spectateurs.

203
Être personnel, et cependant conforme
au caractère de votre personnage.

204
Être créateur et artistique, car leur fonction doit être d'atteindre au but de notre art : créer un personnage vivant et l'exprimer sous une forme artistique.

205
Être réel, vivant et humain, et non pas mort, conventionnel ni théâtral.

206
Être vrai, de sorte que vous même, vos partenaires et le public puissent y croire.

207
Être capable de vous séduire et vous émouvoir.

208
Être bien défini et adapté au rôle que vous interprétez. Ne tolérez aucune imprécision. On doit pouvoir en distinguer le fil dans la trame de votre rôle.

209
Avoir une valeur et un contenu intérieur qui correspondent à la vérité profonde de votre rôle. Ne pas restez en surface.

210
Être actif, afin de stimuler votre jeu.

211
S'observer soi-même et les autres.

212
Acquérir un sens de la mesure.

213
L'imprévu est souvent un excellent moyen de déclencher le travail. Accueillez l'imprévu, n'ayez pas peur !

214
N'oubliez jamais que sur scène vous restez un acteur.
Ne vous éloignez pas de vous-même. Dès que vous perdrez ce
contact avec vous-même, vous cesserez de vivre réellement
votre rôle, et à votre place apparaîtra un personnage faux et
ridiculement exagéré.

215
Ne partez jamais du résultat. Il apparaîtra de lui-même en temps
voulu, comme l'aboutissement logique de ce qui a eu lieu
auparavant.

216
L'acteur cherche à faire partager ses sentiments à son
partenaire, à le convaincre d'une vérité, tandis que l'autre fait
tous ces efforts pour recevoir ses sentiments et ses pensées.

217
L'acteur vit, pleure et rit sur la scène, cependant qu'il observe
ses propres larmes et ses sourires. C'est cette double fonction,
cet équilibre entre la vie et le jeu, qui fait son art.

218
Ayez un objectif lorsque vous rentrez en scène.

219
L'acteur est alors sous l'influence de son rôle,
qui affecte toute sa vie.

220
Se réjouir du talent de l'autre.

221
Hélas ce métier nous met en concurrence les uns avec les autres
toute notre vie.

222
Il faut avoir une belle confiance en soi, donnée par le succès, ou une grande fragilité pour admirer.

223
C'est sur scène qu'on voit les vrais acteurs.

224
Devenir comédien, c'est apprendre à parler l'être humain comme on apprend à parler une langue vivante en la pratiquant, en s'y immergeant.

225
Acteur comme un désir de dire.

226
S'extraire de la masse, se lever en tremblant et affirmer une parole contre toute attente, risquer le ridicule, ignorer d'avance les bonnes raisons de rester assis…

227
Ne jamais s'habiller en vert ça porte malheur
et on n'utilise jamais le mot C.O.R.D.E sur scène.

228
Le métier est une jungle.

229
Tout ce que nous pouvons faire sur scène a déjà été fait sous une forme ou sous une autre. Tout a déjà été inventé. Nous déclinons plus ou moins habilement et avec des moyens différents ce qui a déjà été fait. Toute création est une recréation.

230
Notre activité crée de l'envie, de la curiosité, amène la population à réfléchir en se distrayant, met des mots sur des colères anonymes, sur des maux actuels et passés, choque, amuse, séduit, fait aimer, bouscule.

231
Tout acteur se doit d'être charismatique.

232
Évitez les effets pour combler le vide.
C'est une efficacité sans finesse.

233
L'acteur doit savoir ce que fait et dit son personnage, mais le chemin pour y arriver doit rester un combat.

234
On est toujours suicidaire à la fin du premier filage.

235
Le fou rire est un signe de déconcentration ou de la fatigue de la part des comédiens.

236
L'incarnation est une sensation de spectateur, lui seul éprouve cette sensation que l'acteur en scène est un personnage.

237
L'enfance se prolonge.

238
Jouer c'est expulser, c'est mettre en scène nos peurs et nos angoisses, jouer à la guerre ne pousse pas
à faire la guerre plus tard.

239
Jouer, c'est comprendre la vie.
C'est à quoi nous passons la nôtre.

240
Le travail à la table est long et fastidieux mais nécessaire la plupart du temps.

241
Un corps, une voix, un cerveau, nous sommes tous outillés pour jouer la comédie : pas d'instrument à acheter, pas de corps à muscler, tout est là, sous la main, prêt à l'emploi. Nous savons rire, pleurer, insinuer, mentir, être absent, curieux, blaguer, hurler, rougir, aimer etc. Il est impossible de devenir danseur sans un travail quotidien, un entraînement méthodique et rigoureux pour fabriquer son corps. Ce travail rendra possible une liberté d'invention, je peux penser la danse, la rêver, parce que mon corps m'y autorise.

242
Mon corps me donne la possibilité d'une autre langue.

243
Il y a une urgence à dire les mots, qu'il en va de nos vies.

244
Tout au long de sa vie, un comédien doit tout recommencer.

245
Le théâtre a besoin de peu de choses pour exister, une estrade et du courage pour monter dessus.

246
Les acteurs sont de grands timides
qui se font violence tous les soirs.

247
Jouer la comédie, dans le langage populaire est péjoratif. On triche lorsqu'on joue la comédie. On compose, cherche à faire croire. C'est aussi ce qui se passe sur scène sauf qu'il n'y a pas de tricherie puisque les gens qui se réunissent dans un théâtre sont là pour croire à une histoire, à des personnages. Ils sont là pour entendre une fable. Et nous sommes chargés de les y aider d'un commun accord.

248
La pensée de l'acteur en scène est une pensée qui se définit par défaut. Il n'y a pas une pensée mais des pensées qui traversent l'esprit de l'acteur. Il doit penser à plein de choses en même temps.

249
Il est évident que l'on ne devient jamais le personnage, on fait croire qu'on le devient.

250
Le théâtre est une chose sacrée. C'est un lieu où on veut nous faire croire à des choses. A purger nos passions.

251
Notre corps subit les différents états dans lesquels on se met et remet chaque soir, et il est possible que notre esprit traverse lui aussi des états d'échauffement, mais en général, cela passe très vite car, sur scène, le cerveau du comédien est tout de suite ramené à la réalité de son travail.

252
Les saluts sont importants, ils doivent être réglés. Ce n'est pas le défilé militaire du 14 juillet, mais ce n'est pas le tas d'humains en short sur une pelouse victorieuse.

253
Le trac c'est enfin. Le trac c'est tant pis ou tant mieux. Le trac c'est maintenant et c'est bon que ce soit maintenant. Le trac vient avec le talent. Le trac vous raccroche à l'enfance et à son ignorance dans un monde tellement savant. C'est être définitivement puceau.

254
Lorsque la pensée n'est pas au rendez-vous et que ne dominent que des réflexes de diction, il y a cette impression de tunnel interminable.

255
Au théâtre, on s'adresse, on porte sa voix, pour se faire entendre (jusqu'au dernier rang). Il est donc très difficile de parler normalement « comme dans la vie » et pourtant c'est le but à atteindre.

256
Le théâtre est le lieu où les choses cachées depuis le début des temps sont révélées sans qu'on puisse toutefois les comprendre absolument.

257
Le théâtre est la force de l'imaginaire mesurée à la fragilité du réel.

258
Le théâtre est le miroir du monde qui est le miroir du théâtre.

259
Le théâtre est un miroir au cœur de la ville qui sert à nous rappeler que tout est théâtre.

260
Le théâtre est ce qui nous permet de contempler la mort sans en mourir.

261
L'inactualité du théâtre est plus précieuse que son actualité.

262
Évitez d'être dans le constat.

263
Le théâtre est l'ivresse du présent.

264
Le théâtre est un émerveillement de l'émerveillement.

265
Magnifier son art ne veut rien dire.

266
Le théâtre est l'espace où le désir est un acte.

267
Le théâtre est cet amour qui vient dans la parole sous la forme d'une promesse.

268
Tout est politique.

269
Ne pas avoir peur de la précarité et de la vie de bohème.

270
Les spectateurs peuvent très bien ne regarder que passivement le spectacle. Mais peut aussi l'ébranler profondément. Le public l'assiste : regard, plaisir, désir.

271
Dans la vie quotidienne, l'expression « comme si » est une fonction grammaticale ; au théâtre « comme si » est une expérience. Dans la vie quotidienne « comme si » est une évasion ; au théâtre « comme si » est la vérité.
Quand nous sommes convaincus de cette vérité, alors le théâtre et la vie ne font qu'un.

272
Jouer sur une scène demande un grand effort. Mais quand le travail est vécu comme un jeu, alors ce n'est plus du travail.

273
Le théâtre c'est faux, c'est pour rire, c'est un jeu.

274
Il faut avoir les épaules solides pour être artiste.

275
Ayez toujours à l'esprit ce petit singe qui tape des cymbales dans votre tête quand vous jouez.

276
Soyez en bétons.
On vous demandera le plus souvent ce que vous avez fait.
Soyez créatif, irréprochable et entreprenant.

277
Pour éviter l'automatisme, changez de mode, improvisez, soyez en désaccord avec votre première intention.
278
Soyez dans votre médium vocal.

279
Un acteur ou jouer juste
je ne sais pas ce que c'est.

280
Décortiquez votre texte pour trouver les enjeux, définir chaque mot pour les comprendre, où sommes-nous dans la trame narrative ?

281
Respirez, buvez beaucoup d'eau et ne soyez pas bordélique.

282
Respiration ventrale et non abdominale.

283
On rentre dans l'art comme on rentre dans les ordres.

284
Répétition, représentation, assistance.

285
Le comédien, comme le peintre, doit s'écarter de sa toile.

286
Le talent n'est pas statique.

287
La force des pièces de Shakespeare vient de ce qu'elles représentent l'homme simultanément sous tous ses aspects.

288
Le théâtre doit nous amener à une meilleure compréhension de la société dans laquelle nous vivons et ainsi découvrir comment cette société peut changer.

289
Le théâtre n'apporte pas de réponse, il permet de poser des questions tous ensemble.

290
Évitez d'enfoncer des portes ouvertes.

291
Le théâtre était le seul endroit où nous pouvions nous libérer des contraintes de nos vies quotidiennes.

282
Progresser en tant que comédien, ce qui implique de progresser en tant qu'homme.

293
En art, il ne faut jamais être en repos ni satisfait…

294
Un acteur ouvert, qui sache communiquer librement avec les autres. Qui sache, par son art, dépasser l'imagination du metteur en scène.

295
Faites des propositions.
Certain metteur en scène ne vous guidera pas, il ne fera pas tout le travail.

296
Soignez la communication et la promotion de votre projet. Une bonne présentation sera forcément plus vendeur.

297
Je peux prendre n'importe quel espace vide et l'appeler une scène. Quelqu'un traverse cet espace vide pendant que quelqu'un d'autre l'observe et c'est suffisant pour que quelqu'un d'autre l'observe et c'est suffisant pour que l'acte théâtral soit amorcé.

298
Un acteur doit savoir où il doit se placer géographiquement sur scène.

299
Lorsque l'acteur est en désaccord avec ce qu'on lui demande, il se décharge de sa responsabilité sur le metteur en scène, car il sent que le metteur en scène parviendra à « sauver la situation »

300
Faites-en sorte d'avoir le choix.
Travaillez, tentez et obtenez ses choix
et faites le bon pour vous.

301
Nous nous réunissons dans un espace et nous nous divisons en deux groupes, un groupe jouant des histoires pour l'autre.

302
Le théâtre n'est pas seulement un lieu concret, c'est aussi un endroit où nous rêvons ensemble ; pas seulement un bâtiment, mais un espace collectif et imaginaire.

303
Notre qualité de jeu se développe et s'exerce simplement quand nous y prêtons attention.

304
La différence de qualité d'une représentation à une autre ne dépend pas seulement de la technique, mais du jaillissement de vie qui rend la technique invisible.

305
Ne récoltez aucune gloire. Ayez la tête sur les épaules.

306
Chaque moment de notre vie est une minuscule représentation théâtrale.

307
Nous ne savons pas qui nous sommes. Mais nous savons que nous sommes capables de jouer.

308
Nous sommes les personnes que nous jouons, mais encore faut-il bien jouer.

309
Quand les choses vont mal, nous devons distinguer ce que nous pouvons changer et ce que nous ne pouvons pas changer.

310
Tout le travail de recherche de l'acteur fait partie du travail invisible alors que la représentation fait partie du travail visible.

311
La fluidité du jeu de l'acteur dépend de deux fonctions précise du corps ; le sens et l'imagination.

312
L'imagination de l'acteur, le texte, le mouvement, la respiration, la technique et les sentiments sont fondamentalement inséparables.

313
L'acteur ne peut rien faire sans cible.

314
La Peur est comme le Diable. La bonne nouvelle est qu'il n'existe pas, la mauvaise est que c'est justement pour ça que nous ne pouvons pas nous en débarrasser.

315
Être présent paraît difficile ; rester présent encore plus !

316
Essayez, échouez, essayez autre chose.

317
De l'audace bordel ! Ne restez pas passif.

318
Soyez votre meilleur ami et votre
meilleur ennemi de vous-même.

319
Pour l'acteur, nous sommes ce que nous voyons.

320
La vie échappe à notre contrôle et nous n'aimons pas beaucoup ça. La vie peut nous lâcher à tout moment ; et nous n'aimons franchement pas ça.

321
On recommande parfois aux acteurs d'écrire une biographie de leur personnage, par exemple, de décrire l'endroit où le personnage est née, son enfance etc...

322
Les acteurs voient avec tout leur corps.

323
Quand les acteurs n'aspirent pas assez d'air, ils massacrent leur texte et hachent la pensée.

324
L'acteur doit toujours rester attentif à la cible.

325
Lorsqu'un comédien est malade où fatigué mais qu'on se rend compte qu'il est présent et disponible, c'est là qu'on remarque le professionnalisme.

326
Soyez spontané, arrêtez de vous regarder !
N'utilisez pas que votre charme.

327
L'acteur avisé apprend à ne pas vouloir contrôler ce que le public voit. Ne soyez pas plus important que votre rôle c'est essentiel de le comprendre.

328
Nous créons une œuvre d'art.

329
Concentration ou attention ; indépendance ou liberté ; montrer ou voir ; certitude ou foi ; créativité ou curiosité ; originalité ou unicité ; stimulation ou vie.

330
Il y a toujours quelque chose à perdre et quelque chose à gagner. Ce que nous avons à gagner est de la même taille que ce que nous avons perdre.

331
Il y a toujours une cible, elle se transforme sans cesse, elle est toujours active.

332
L'acteur ne doit surtout pas chercher à bien faire. Nous ne sommes pas là pour bien ou mal faire. Nous sommes là pour faire de notre mieux.

333
L'acteur voit pour nous ; ce que nous voulons voir et aussi ce que nous ne voulons pas voir.

334
C'est important pour un apprenti comédien d'assister au plus près du métier, de faire des stages immersifs, de voir des spectacles, d'avoir une simulation du métier, d'avoir des masterclass, de créer, d'inventer, de répéter, de s'entrainer, de s'exercer. D'apprendre toutes sortes de discipline comme le chant ou la danse. Approfondir ses connaissances et son savoir-faire. En travaillant son autonomie. Afin d'acquérir une appétence du métier.

335
Le théâtre est avant tout un beau langage.

336
Le comédien ne s'assouvit pas mais sert l'œuvre.

337
Le théâtre est inséparable d'un sentiment de fraternité.

338
Le théâtre multiplie, amplifie en nous la vie, et, plus et mieux qu'aucune autre occupation, la met en forme d'énigme.

339
Le public trompe le comédien, n'est-il pas vrai, et le comédien trompe le public. C'est un jeu de sincérité, un marché. Le théâtre est un jeu.

340
Par défaut, le comédien, ne joue souvent que pour le plaisir de jouer.

341
Pourquoi diable suis-je là ? Et pourquoi sont-ils là eux-mêmes dans cette salle à me regarder ?

342
Se donner, s'abandonner et se perdre.

343
On fait du Théâtre parce qu'on a l'impression de n'avoir jamais été soi-même, de ne pas pouvoir être soi-même et qu'enfin on va pouvoir l'être.

344
Faire du théâtre, c'est reprendre la vie
sur un plan factice et inoffensif.
C'est vivre hors de la triste réalité des évènements et des faits.

345
L'acteur a un besoin de s'évacuer, de s'exprimer et au besoin de gloire, de triomphe, de succès. Être en haut de l'affiche, d'être reconnu et récompensé. Il a besoin d'être aimé. De plaire. Gagner beaucoup d'argent et d'être le maitre du monde. C'est le narcisse du comédien.

346
Le bonheur de l'acteur à son début,
ne lui coûte que la peine d'y croire.

347
Ce n'est pas jouer que de jouer seul.

348
L'acteur est un locataire usurpateur.

349
Qui est le plus sincère entre l'acteur et le spectateur. Le spectateur sait que tout est faux, l'acteur aussi. Mais ils se persuadent. Peut-être est-ce l'auteur.

350
Être ce qu'on est.

351
Toute vie est révélation de ce que nous sommes.

352
Être fidèle à soi-même.

353
Deviens qui tu es, au lieu de Connais-toi toi-même.

354
Pour tes concours : Ne vas pas plus loin que toi, ne cherches pas à nous montrer que tu es le personnage, mais ce que tu voudrais être, comme tu cherches à l'être ; et surtout ce que tu es, en vérité. Pas plus d'intelligence qu'il n'en faut, qu'il n'y en a dans le texte. On recherche l'authentique, le plus humain. N'essaye pas de jouer la comédie. On va chercher à deviner les dispositions de corps et d'esprit que tu offres.

545
La jeunesse s'ennuie et se désole.

356
L'essentiel est que le débutant, l'élève, ne considère pas le théâtre comme une affaire personnelle, mais qu'il ait de ce métier une vue objective.

357
L'élève s'affermit et s'enhardit après quelques compliments, il prend assurance de son habileté.

358
Éveiller en lui (l'élève) la vision d'un personnage, et en même temps la conscience de sa propre sensibilité.

359
Il faut utiliser la pudeur aussi longtemps qu'on le peut.

360
Dire, c'est d'abord se faire entendre, ensuite s'entendre et laisser aux autres le soin de comprendre à leur gré, ne pas les prendre pour des imbéciles. Il faut être clair pour les autres et avec soi-même.

361
Le comédien vit dans une attente continuelle d'autre chose, autre rôle, espoir nouveau d'un succès nouveau. Il ne peut avoir de constance ou de stabilité, sinon dans sa volonté.

362
Soit :
Un acteur joue pour lui —
tout seul ou avec les autres ;
Un acteur joue pour le public ;
Un acteur joue avec le public ;
Un acteur joue avec le metteur en scène avec confiance ;
Un acteur joue presque contre le metteur en scène.

363
Un comédien débutant joue avec le jury, comme si c'était le public, et non pour le jury, comme s'il était perspicace et connaisseur.

364
Le texte prend son sens uniquement lorsqu'on le dit quand on le prononce, en scène ou ailleurs.

365
L'élève n'intéresse guère un professeur selon Jouvet, c'est un paresseux. Il écoute uniquement le texte. Le texte n'a un sens que lorsqu'on l'adresse à quelqu'un : partenaire ou public.

366
Le talent est fait par le public. L'acteur ne pense jamais qu'à son rôle.

367
L'important c'est l'état d'esprit, l'attitude intérieure.

368
Le comédien joue trop tôt.

369
Jaillir de soi, sortir de soi, se fuir pour aller plus haut.

370
Le théâtre est heureusement un jeu.

371
Le comédien est livré à lui-même, dépourvu de règle pour exercer son métier, livré à ses désirs, ses erreurs, ses passions.

372
Le comédien n'existe que par discipline, imagination vive, hygiène de vie, règle de vie pour ses pensées et pour son corps.

373
Brossez-vous les dents à nouveau avant la représentation et mettez du déodorant pour le bien de vos partenaires.

374
Le comédien se sert de son outil : l'imagination.

375
L'écriture de son histoire ou comment son histoire personnelle devient une chose universelle.

376
Le comédien est chargé de l'identité du personnage.

377
Imposez-vous une échéance. L'échéance fait théâtre.

378
Il faut retrouver l'état physique pour dire une réplique.

379
Il s'agit de pouvoir dire la réplique ; il ne sait pas de l'effet qu'elle produira.

380
C'est une question de rythme.

381
Une image peut définir l'acteur.

382
Une photographie, un tableau peut inspirer le jeu d'un acteur.

383
Il faut savoir se contrôler.

384
Si on doit jouer le rôle d'un boulanger, on doit être meilleur que le boulanger lui-même. Sinon autant prendre un vrai boulanger.

385
J'ai toujours fait ce qu'on me demandait même en le désapprouvant. L'essai est nécessaire.

386
Parfois, après le spectacle, l'acteur se réveille comme un homme qui se souvient d'avoir rêvé.

387
Les personnages sont des êtres immatériels, qui attendent d'être habités.

388
C'est un travail d'observation.

389
L'acteur se satisfait uniquement dans le fait de changer, avoir un nouveau rôle.

390
Ne jugez pas vos rôles. Tous les personnages sont innocents, non coupables, même dans les monstres.

391
On a aisément du génie au départ, il est plus rare et plus difficile d'avoir ensuite du talent.

392
Ce monde n'est pas le seul.

393
Le personnage n'est pas l'individu que nous sommes mais celui que nous voulons persuader aux autres que nous sommes.

394
Les contraintes sont les usages au théâtre.

395
Il faut être ignorant pour être inventeur, mais il faut une ignorance qui soit un discernement.

396
Il faut vivre dans le présent, non dans l'automatisme d'un passé défunt, vivre physiquement, s'insérer dans le milieu environnant, saisir le présent.

397
Il faut avoir quelque chose à dire.

398
Il faut réveiller l'auditeur qui a tendance à se laisser bercer, assoupir, endormir, au point de ne plus participer, de n'avoir aucune part directe ; il a tendance à une entière quiétude où les mots sont harmonieux et la langue musicale. Il faut répondre à la demande, mais aussi amplifier cette demande, cette inquiétude, pour pouvoir la satisfaire, faire un effort riche et large et abondant.

399
Alors que ton métier serait de pouvoir te connaître toi-même à travers les autres, tu es l'homme qui s'ignore le plus.

400
Ah ! L'odeur du théâtre. Entrer dans le théâtre, sur la scène, répéter, mettre en scène, quelle vie ; les répétitions de nuit, le décor qu'on plante, qu'on éclaire, vous connaissez encore tout cela, mais comme cela manque.

401
Le théâtre est un refuge.

402
Tout est basé sur cette fuite de soi-même, et ce désir d'être autre, ce besoin d'une identité nouvelle qui amènent l'auditeur, le comédien et l'auteur à cette rencontre exceptionnelle. C'est un rendez-vous.

403
Le théâtre répond à un besoin de songerie, un goût de distraction, de recherche, d'amplification, un goût du plaisir, rires et larmes, à un besoin de juger et d'apprécier, d'être supérieur, se réconcilier, de communiquer, de sympathiser avec l'espèce, de se retrouver ailleurs, autrement. De pouvoir se perdre, s'annuler, de devenir l'être qu'on souhaite. De s'user — vivre. D'avoir une sécurité provisoire, de se posséder, de célébrer la solidarité humaine. C'est une recherche de révélation.

404
Le théâtre est aussi émancipateur.

405
Le théâtre est une trinité : auteur - acteur - public.

406
Dépasser la conscience de soi. Accepter d'être quelqu'un d'autre. Être capable de s'oublier.

407
Vous devez savoir vraiment ce que votre personnage dit. Vous devez le comprendre au fond de vous. Comprendre ses motivations.

408
Le seul moyen d'échouer c'est d'abandonner.

409
Faites ce métier quoi qu'il arrive même si vous devez mourir de faim. Il ne faut rien lâcher.

410
Les choses sont toujours extrêmement sombres avant le lever du soleil.

411
L'acteur a un égo fragile, donc il juge tout, parce qu'il veut être bon, il veut être remarqué.

412
Pour pouvoir être dans le moment présent et être disponible, il faut être assez courageux pour quitter sa zone de confort et ne pas juger ce qui se passe. Se laisser surprendre. Parfois vous serez dans une situation inconfortable sur une réplique. Est-ce que c'est bon signe ou c'est que la scène ne marche pas ? Est-ce qu'il doit arrêter, ou est-ce que j'accepte tout ce qui sort de la bouche ? C'est un questionnement permanent. Ce n'est pas parce que ce n'est pas confortable que ce n'est pas bon.

413
Notre métier c'est de créer des humains.

414
Jouer c'est se mettre à nu, c'est d'enlever le masque.
En société, on refuse d'être vulnérable, d'étaler ce qui ne va pas chez nous. C'est pour ça que nous, acteurs, on le fait pour vous.

415
Les acteurs doivent trouver et respecter l'humanité du personnage qu'ils interprètent.

416
Respectez chaque personnage au moins autant que vous vous respectez. Donc faites-en sorte de les comprendre.

417
Laissez-vous impacter comme pour la première fois. Comme si c'était de l'improvisation.
Agir-Réagir. Ça se passe maintenant !

418
Jouer est un état d'esprit. Musclez votre innocence enfantine (personne ne l'a perdue), votre imagination (qui est infinie et sans limite), la vulnérabilité ainsi que la concentration (mettre toute son attention de manière consciente sur quelque chose, mettez votre focus sur l'histoire).

419
Les lois de la nature sont de votre cotés.

420
Les deux cancers de l'acting c'est de s'inquiéter du résultat, ce que ça donne, ce dont on a l'air, ça vous empêche d'être disponible et le deuxième c'est la subjectivité (un avis sur les choses)

421
Absorbez. Si vous acceptez d'absorber les informations qu'on vous donne, vous pourrez les comprendre à un niveau plus organique, plus profond, beaucoup plus précis.

422
Pour avoir du succès, il faut avoir le cuir du rhinocéros et la tendresse d'un bébé. C'est primordial.

423
Ne vous flagellez pas si vous n'avez pas été accepté à un casting, ça ne veut pas dire que vous êtes mauvais, juste que vous n'êtes pas fait pour ce rôle à ce moment-là. Faites confiance à votre instinct.

424
Les choses que vous ressentez après une scène ne sont pas forcément en adéquation avec le ressentiment du public. Faites confiance au public, c'est lui qui doit vous juger pas vous.

425
Si vous devez passer un casting, ne vous dites pas « je vais y aller et essayer d'avoir ce job ». Quand vous vous mettez dans une position ou d'envie, ce qui se passe c'est que vous perdrez votre pouvoir et votre contrôle. Si vous voulez ou avez besoin de ce travail, ça va se voir. Ça va émaner de vous, ils verront que vous êtes dans l'envie ou le besoin. Personne ne veut engager quelqu'un qui a besoin d'un travail. Ils veulent engager quelqu'un qui est confiant dans ce qu'il fait, dans ce qu'il dit, dans comment il se vend. Il faut vous dire « Je suis là pour vous donner quelque chose qui a de la valeur. »
Comme un cadeau qu'on veut offrir. Mais sans être orgueilleux. Ça doit être une confiance silencieuse.

426
Je ne suis pas là pour avoir un travail, je suis là pour faire mon travail. Portez votre attention sur cela.

427
L'acteur doit donner quelque chose, ce sera peut-être la solution au problème du casting. Ça ne tient qu'à vous.

428
Vous ne verrez que vos défauts à l'écran, vous ne serez jamais satisfait. Être artiste, ce n'est pas avoir du talent mais aspirer à la perfection en sachant qu'on ne l'atteindra jamais.

429
Vous devez être complètement nourri à l'intérieur.

430
Amusez-vous !

431
Il faut savoir s'adapter (d'un metteur en scène à un autre). Les méthodes de travail ne seront pas forcément les mêmes.

432
Vous devez faire des choix qui vous satisfont artistiquement.

433
Il faut douter avant et après mais jamais pendant.

434
Si vous ne croyez pas en vous, personne
n'aura confiance en vous.

435
Il faut être là au bon endroit, au bon moment
et c'est là que vous devez être prêt.

436
L'échec est un aspect fondamental dans
le processus vers le succès.
Sois-je gagnes soit j'apprends.

437
Arrive comme tu es. Mais il faut que tu sois irréprochable dans
le travail.

438
Pour tuer un film c'est de ne pas mettre en confiance un acteur
dès le premier jour, c'est de dire à un acteur qu'il n'est pas bon
dès la première prise.

439
Vous devez apprendre à ne rien prendre personnellement, que
ce soit le succès, l'échec, le rejet…

440
Donnez ce lâcher prise, parce que c'est grâce à ça que toutes ces
portes sont ouvertes.

441
Si vous êtes authentique dans ce que vous faites les chances pour que ça touche quelqu'un d'autre sont multipliées.

442
L'acting est un travail de tous les instants.

443
Apprenez vos répliques du début à la fin, sous tous les angles, jusqu'à pouvoir les dire très vite même à l'envers. Savoir son texte au rasoir, dans tous les sens. Faites des italiennes toutes les 5 min, du matin au soir. De cette manière, vous diminuerez le stress et l'anxiété.

444
Attendre votre moment sur un tournage peut être parfois très long mais vous devez rester concentré.

445
Chacun a ses goûts et certains critiqueront ce que vous faites et qui vous êtes.
Mais accrochons à nos rêves. Ensemble, nous pourrons changer ce monde qui a besoin d'être changé. Il faut émouvoir le public, le faire pleurer, rire. Notre ambition n'a pas de limites, à part celles que l'on se construit soi-même. Tout est possible à qui rêve, ose, travail et n'abandonne jamais.

446
Ne pas en faire trop.
Moins tu en fais, mieux c'est.

447
Quand tu as un rêve c'est rare qu'il arrive en criant.

448
Il faut être à l'écoute de ses rêves, et de ses instincts.

449
Parfois on est au plus près du personnage le dernier jour de tournage, à la dernière prise car le rôle évolue sans cesse.

450
Prenez autant de temps que possible en amont, travailler aussi dur que possible quand on tourne et rester concentré, qu'on passe une bonne ou une mauvaise journée.
Il faut rester agrippé au personnage.

451
Échoue encore, échoue mieux.

452
Il est important de bien articuler son texte. Il faut être limpide.

453
On oublie souvent avec la peur tout ce qu'on a appris le moment venu.

454
Le plus fascinant, c'est le travail sur lequel on a aucun contrôle.

455
Le metteur en scène n'a qu'un objectif, la réussite de sa pièce.
Le comédien, c'est sa propre réussite.

456
Tu ne dois pas dire « c'est ennuyeux de jouer longtemps la même pièce », tu joues avec un public nouveau chaque soir, c'est comme jouer une pièce nouvelle chaque soir.

457
Ce métier on l'apprend nulle part mais on doit l'apprendre.
Où ? Sur scène.

458
Il n'y a pas de professeur, il n'y a qu'un maître : le public. Le professeur est parfois votre premier public.

459
Il faut savoir ce que l'on veut. Vouloir du succès, être ambitieux n'est pas suffisant. C'est juste du désir. Savoir ce que vous voulez, pourquoi vous le faites, dédiez chaque respiration de votre corps pour accomplir, si vous sentez que vous avez quelque chose à donner, si vous pensez que votre talent vaut le coup d'être développé, mérite de l'attention, alors il n'y a rien que vous ne puissiez pas accomplir.

460
Rêve, observe, écoute, ose, travaille et fait !

À SUIVRE…

QUELQUES OEUVRES LITTÉRAIRES QUI M'ONT INSPIRÉES :

LE COMÉDIEN DÉSINCARNÉ - LOUIS JOUVET
LA FORMATION DE L'ACTEUR - CONSTANTIN STANISLAVSKI
L'ESPACE VIDE - PETER BROOK
HISTOIRE DU THÉÂTRE DESSINÉE - ANDRÉ DEGAINE
PETIT LEXIQUE AMOUREUX DU THÉÂTRE - PHILIPPE TORRETON
L'ACTEUR ET LA CIBLE - DECLAN DONNELLAN
TRAITÉ PRATIQUE DE LA DICTION FRANÇAISE - GEORGE LE ROY
GRAMMAIRE DE LA DICTION FRANÇAISE - GEORGE LE ROY
1001 DÉFINITIONS DU THÉÂTRE - OLIVIER PY
ARIANE MNOUCHKINE - BÉATRICE PICON-VALIN
VSEVOLOD MEYERHOLD - BÉATRICE PICON-VALIN
L'UNIVERS, LES DIEUX, LES HOMMES - JEAN PIERRE VERNANT
LE GRAND LIVRE DU THÉÂTRE - LUC FRITSH
HISTOIRE DU THÉÂTRE - ALAIN VIALA
LE GUIDE DU COMÉDIEN - ALAIN HEGEL ET ÉRIC NORMAND
LE PARADOXE DU COMÉDIEN - DENIS DIDEROT
PETIT ORGANON POUR LE THÉÂTRE - BERTOLT BRECHT
DEBURAU - SACHA GUITRY
ÉCOUTE MON AMI - LOUIS JOUVET

(SANS COMPTER LES OEUVRES CLASSIQUES THÉÂTRALES DONT SHAKESPEARE, RACINE, MOLIÈRE, MUSSET, CORNEILLE, MARIVAUX, VICTOR HUGO ETC... MAIS AUSSI CONTEMPORAINS LARS NOREN, CLAUDEL, LIDDLE, LAGARCE, KOLTÈS, BECKETT, ANOUILH ET BIEN D'AUTRES…)